LA VÉNUS HOTTENTOTE,

OU

HAINE AUX FRANÇAISES,

Vaudeville en un acte.

Par MM.
THÉAULON, DARTOIS et BRASIER.

Représenté pour la première fois sur le Théâtre du Vaudeville, le 19 novembre 1814.

J'allais croire à tant de beauté
Que ta patrie était la France.

A PARIS,

Chez MARTINET, Libraire, rue du Coq St.-Honoré.

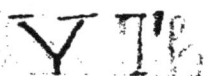

PERSONNAGES.	ACTEURS.
Le BARON.	M. Hipolite.
La BARONNE.	Mlle. Bodin.
ADOLPHE, leur neveu.	M. Isambert.
AMÉLIE, leur nièce.	Mlle. Rivière.
Le CHEVALIER, soupirant d'Amélie.	M. Seveste.
FANCHETTE, attachée à la Baronne.	Mlle. Betzi.
La GOUVERNANTE.	Mme. Lenoble.

Villageois et Villageoises.

Le Théâtre représente l'entrée d'un parc, du côté du Château ; un petit pavillon occupe la droite de l'acteur, on y monte par quelques marches.

(La Scène est à trois lieues de Paris).

La première idée du fond de cette pièce se trouve dans la *Canadienne* de Vadé.

LA VÉNUS HOTTENTOTE,

OU

HAINE AUX FRANÇAISES.

SCÈNE PREMIÈRE.

Au lever du rideau, la Baronne sort du Pavillon, on entend frapper trois petits coups à la porte qui est à gauche, la Baronne va ouvrir, Amélie entre et embrasse sa tante.

LA BARONNE, AMÉLIE, LA GOUVERNANTE.

AMÉLIE.

Vous allez m'apprendre, ma chère tante, pourquoi vous me faites entrer si mystérieusement dans votre château; un courier, un guide à l'entrée de la forêt, la porte secrète du parc, les trois petits coups d'usage.... En vérité, cela ressemble à un chapitre de roman.

LA BARONNE.

Vous saurez les motifs de ce mystère; mais d'abord entrons dans ce pavillon dont j'ai seule la clef, et où nous ne risquons pas d'être surprises.

(*Elle ouvre le pavillon.*)

AMÉLIE (*otant son voile.*)

Ah! ma chère tante, permettez que je respire un moment; je veux bien être une héroïne de roman; mais je vous préviens que j'aime la liberté et que je ne suis pas pour les vieux donjons, ni pour les pavillons isolés; d'ailleurs qu'ai-je besoin de me cacher ici? je suis veuve, mon cousin est libre; il est dit-on fort bien, je ne suis pas mal; ce mariage va tout seul.

LA BARONNE.

C'est ce qui vous trompe, ma chère Amélie! Sachez qu'Adolphe ne veut pas même vous voir, et que s'il apprenait que vous êtes au château, il le quitterait à l'instant.

AMÉLIE.

Eh bien! c'est un charmant cousin que j'ai là. Comment vous avez paru désirer que j'unisse mon sort au sien? vous me l'avez dépeint comme un jeune homme très-aimable, je vous ai cru sur parole, j'ai consenti à tout, et quand j'arrive c'est pour recevoir le plus cruel affront que l'on puisse faire à une jolie femme ! Celui de s'entendre dire : on ne veux pas vous voir.

LA BARONNE.

Lorsque j'ai fait venir mon neveu du fond du Languedoc, et que j'ai projetté cet hymen, j'ignorais qu'Adolphe était atteint de folie.

AMÉLIE.

Comment ma tante, mon cousin a perdu la raison ! ce n'est pas moi qui pourrai la lui rendre, je vous en avertis.

LA BARONNE.

J'ai cependant compté sur toi mon Amélie.

AMÉLIE.

Je vous en remercie, ma tante.

Air : *Vaudeville de la belle fermière.*

J'aime les romans intrigués,
Et déjà tout ce mystère
M'en promet un des plus gais
Où je figurerai j'espère.
S'il fallait languir,
Gémir,
S'attendrir,
Se repentir,
Haïr,
Courrir,
Souffrir,
Mourrir,
Ma tante, j'imagine,
Aurait pris une autre héroïne.

Je vois qu'il faut tromper mon cousin, rapportez-vous en à moi !

LA BARONNE.

Oui, il faut le tromper pour le rendre heureux ; Adolphe né avec une imagination ardente, connut l'amour avant d'avoir acquis ce discernement qui devait diriger son choix, il fut trahi sans pitié.

AMÉLIE.

En vérité, ma tante, il y a des femmes qui sont bien perfides.

LA BARONNE.

Adolphe aimait éperduement... comme on aime à son âge ! jugez de son chagrin !.....Enfin le temps vint adoucir ses peines ; il fit un autre choix.

AMÉLIE.

Cette fois fut-il trompé ?

LA BARONNE.

Comme la première.

AMÉLIE.

Je l'aurais parié! ce pauvre cousin! Et depuis ce temps il a juré une haîne éternelle à toutes les femmes?

LA BARONNE.

Non; mais à toutes les françaises.

AMÉLIE.

Il n'a donc pas l'esprit national!

LA BARONNE.

Et sans avoir renoncé au mariage, il a fait vœu de n'épouser qu'une femme absolument étrangère à nos mœurs et à nos usages.

AMÉLIE.

C'est-à-dire une sauvage?

LA BARONNE.

Précisément; c'est mon cher époux qui, depuis son retour d'Amérique, lui monte l'imagination, en lui vantant des mœurs qu'il ne connaît pas et des femmes qu'il n'a jamais vues.

AMÉLIE.

Qu'il me tarde de l'embrasser ce cher oncle! J'étais bien jeune lorsqu'il quitta la France! Il a fait dit-on le tour du monde?

LA BARONNE.

Lui! il n'a fait que le trajet de l'Orient à la Guadeloupe; mais son imagination a voyagé pour lui; et si ce n'était un peu d'ignorance qui lui a fait voir des sauvages dans la mer adriatique, il pourrait passer pour un grand voyageur, avec d'autant plus de raison qu'il ment avec une intrépidité inconcevable! A l'entendre, il sait toutes les langues; il connaît tous les pays.

AMÉLIE.

Mais c'est un ennemi de plus que j'aurai à combattre!

LA BARONNE.

Cela t'effrayerait-il déjà?

AMÉLIE.

AIR: *Vaudeville de Jadis et Aujourd'hui.*

Dans une telle circonstance,
On peut toujours compter sur moi:
Je vois qu'il faut de la prudence,
Mais mon cœur ne sent point d'effroi.
Une femme, au siècle où nous sommes,
Sait quel est son pouvoir vainqueur.
Je puis me défier des hommes;
Mais ils ne m'ont jamais fait peur.

LA BARONNE.

Même air.

J'aime cette noble hardiesse:

Bientôt nous en aurons besoin;
Mais pourtant, prends garde, ma nièce,
Qu'elle ne t'emporte trop loin.
Bien rarement les prudes tombent
Dans les pièges d'un séducteur.
Toutes les femmes qui succombent
Sont celles qui n'ont jamais peur.

AMÉLIE.

Soyez tranquille, ma tante, je ne succomberai pas.

LA BARONNE.

Dieu le veuille!

LE BARON *dans la coulisse.*

Holà! tayaut! miraud!....

LA BARONNE.

Mais j'entends mon mari. Bon! le voilà avec Adolphe; ils partent pour la chasse : entrons dans ce pavillon pour bien fixer notre plan.

AIR : *Je regardais Madelinette.*

L'amitié seule nous enflamme,
Personne ne nous blâmera;
Et lorsque tu seras sa femme,
Adolphe nous remercira.

AMÉLIE.

Afin de le tromper, j'espère
Montrer ici tous mes talens:
C'est mon cousin! Il faut bien faire
Quelque chose pour ses parens.

ENSEMBLE.

L'amitié seule, etc.

(*Elles entrent dans le pavillon*).

SCENE II.

LE BARON, ADOLPHE, *en habit de chasse.*

ADOLPHE.

Comment, mon cher oncle, à peine arrivé vous songez déjà à repartir.

LE BARON.

Oui, mon ami, puisque la paix vient de rouvrir les mers, je veux aller visiter toutes mes possessions d'Amérique.

ADOLPHE.

Vous êtes ici mon seul défenseur : si vous partez, ma tante va me tourmenter encore au sujet de mon mariage, et vous connaissez là dessus mes sentimens.

LE BARON.

Oui, je sais que tu ne veux pas d'une femme indigène; il t'en faut une exotique, et j'approuve ta résolution.

ADOLPHE.
Je fus si indignement trompé !

Air : *Signal d'un galant négligé.*
Oui, des françaises désormais
Je veux fuir le cruel empire.
Hélas ! elles n'ont su jamais
Que déchirer le cœur qui se laisse séduire.
Les haïr fait tout mon espoir :
Je les hais ; mais tels sont leurs charmes,
Que pour ne pas leur rendre encor les armes.
J'ai besoin de ne pas les voir.

LE BARON.
Il est vrai qu'excepté les femmes de l'Amérique orientale et les hottentotes, je n'en ai guère vu de plus jolies. Evites-les avec soin jusqu'à mon retour. Je te promets de te chercher la femme qu'il te faut, dussé-je parcourir les quatre coins du globe.

Air : *Je suis colère et boudeuse.*
Pour te donner une épouse
Selon tes goûts favoris,
Je veux, nouveau la Peyrouse,
Visiter mille pays.
Des côtes de Barbarie
J'irai dans le Groenland,
Dans la Mésopotamie
Et dans l'île de Ceylan.
Je verrai les Iroquoises,
Les fillettes de Goa,
Toutes les beautés chinoises,
Celles d'Anaamoka ;
J'étudirai des indiennes
Tous les caprices divers,
Je verrai les canadiennes ;
J'observerai leurs travers ;
J'apprendrai des visigothes
Les qualités, les défauts.
Si je vois les hottentotes,
Je t'en écrirai deux mots.
Et si l'objet de ta flamme
N'était pas chez le Persan,
J'irai te chercher ta femme
Dans l'empire du croissant.

ADOLPHE *riant.*
Bien obligé, mon oncle, mais si vous pouviez la trouver autre part.

LE BARON.
Là où ailleurs, c'est toujours la même chose.

ADOLPHE.
Air : *Honneurs, vaines grandeurs !*
Allons, allons chasser,
Ce fut toujours le vrai plaisir du sage.
LE BARON.
Allons, allons chasser,
C'est un plaisir qui ne peut me lasser.
ADOLPHE.
Pour moi, je me plais
Au fond des forêts :
Là, bien loin des belles
Et des infidèles,
Je sais, sans chagrins,
Braver leurs dédains.
LE BARON.
Viens te venger d'elles
Sur les lapins.
CHŒUR.
Allons, allons chasser, etc.

SCÈNE IV.
AMÉLIE seule.
(*Elle sort du pavillon ; pendant la scène précédente, elle a observé et écouté Adolphe par la fenêtre*).

Ah ! mon petit cousin, vous avez des idées aussi extravagantes ! Il vous faut une femme qui vienne des climats lointains ! une sauvage ! Nous verrons, nous verrons.

Air : *Vers le temple de l'hymen.*
Dès aujourd'hui, je prétends
Vous opposer ma finesse ;
J'espère, par mon adresse,
Vous réduire en peu de temps.
Cette entreprise est brillante !
Pour une jeune innocente
Encore bien ignorante,
Il serait embarrassant
De faire une telle épreuve ;
Mais une fois qu'on est veuve,
On sait comment on s'y prend.

LE CHEVALIER *dans la coulisse.*
Tout le monde est dans le jardin, et je ne rencontre personne ! C'est charmant ! c'est délicieux !

AMÉLIE.
Qu'entends-je ? c'est le chevalier d'Ericourt, le plus fou de mes adorateurs de Paris.

SCENE V.
AMÉLIE, LE CHEVALIER.

LE CHEVALIER.

Enfin je vous rencontre, ma toute belle! Je veux mourir si je n'ai pas fait trois-quarts de lieue dans ce parc pour vous trouver! Si j'avais su cela, j'y serais entré avec mon boghuey.

AMÉLIE.

Vous ici, chevalier, à la campagne, à quatre lieues de Paris!

LE CHEVALIER.

C'est extraordinaire, il est vrai; mais je ne puis être où vous n'êtes pas.

AMÉLIE.

Vous avez bien mal choisi le moment de montrer de la fidélité.

LE CHEVALIER.

Comment? ce qu'on m'a dit est donc vrai? Quelle fatalité!

AIR: *On dit que je suis sans malice.*
Quand j'ai vu la mélancolie
Chez vous remplacer la folie,
Lorsque votre aimable gaîté
A fait place à la gravité;
Quand je vous ai vue, Amélie,
Fuir tous les plaisirs de la vie,
Dès-lors, j'ai voulu parier
Que vous alliez vous marier.

AMÉLIE.

Vous auriez pu fort bien perdre votre pari.

LE CHEVALIER.

Non, non, j'aurais gagné, j'en suis sûr. Mais, charmante Amélie, Adolphe ne vous convient pas. Il vous enterrera avec son amour au fond de quelque désert dans quelque château gothique. Il vous faut pour mari un homme aimable, qui sache apprécier toutes vos belles qualités, qui vous fasse briller à Paris, et cet homme-là, c'est moi!

AMÉLIE.

Vous?

LE CHEVALIER.

Moi! Je ne sais si c'est un effet de la sympathie; mais depuis quelques jours le vertigo du mariage s'est emparé de moi! Il faut que je me marie, et si vous ne m'épousez pas, vous serez cause que je ferai quelque folie.

AMÉLIE.

J'aime mieux que vous vous en chargiez que moi.

LE CHEVALIER.
Vous renoncez donc à Paris ?
AMÉLIE.
Je ne dis pas cela.
LE CHEVALIER.
Jamais il ne fut plus agréable.

AIR *de la Tronitz.*

Paris dans ce moment
Est un séjour charmant :
Les traces des malheurs
Sont couvertes de fleurs.
Le passé s'oubliant,
On jouit du présent,
Et l'on ne voit dans l'avenir
Que du plaisir.

Enfin, plein d'assurance,
Le commerçant s'élance,
Guidé par l'espérance
D'enrichir ses enfans.
Le peintre se dispose,
Le poëte compose,
Le guerrier se repose,
Les arts sont triomphans.

D'étrangers surtout
On voit partout
La foule immense ;
Car tous les pays
Se trouvent, je pense,
A Paris.
Chacun suit gaiment
Et sa coutume
Et son costume,
Ce qui fait souvent
Le contraste le plus piquant.

Nos théâtres moins lents
Sont déjà très-brillans ;
Tous nos fameux acteurs
Chargés d'argent, d'honneurs
Le front ceint de lauriers,
Rentrent dans leurs foyers
Où le repos
Les délasse de leurs travaux.

Aux Français on révèle
Qu'une pièce nouvelle
Se prépare avec zèle,
Depuis plus de six mois,

Le beau monde
A Joconde
De toutes parts abonde,
Et personne ne fronde
Son ton un peu grivois.

Un chien
Bien
Vanté
A la Gaîté
Fait qu'on sanglotte :
Selon leurs désirs
Tous les spectacles font courir ;
Mais
Pour les
Succès
Complets
La Vénus Hottentote
Chez les amateurs
Lutte seule avec les Boxeurs.

A la voix du plaisir
Il vous faut obéir ;
Revenez à Paris
Au sein des jeux, des ris :
C'est-là que la beauté
Commande en liberté ;
C'est-là, je crois,
Que vous devez donner des lois.

AMÉLIE.

Ce tableau est piquant ; il est surtout curieux de voir une femme hottentote.

LE CHEVALIER.

Une femme ! c'est une Vénus, madame ! une Vénus qui nous est arrivée d'Angleterre, et qui, dans ce moment, fait l'admiration de tous les connaisseurs.

AMÉLIE.

Elle est donc bien belle ?

LE CHEVALIER.

Oh ! d'une beauté effrayante.

AIR : *Une fille est un oiseau.*

Vraiment ce n'est point un jeu !
Déjà tout Paris la vante.
Cette femme est étonnante :
D'abord elle parle peu.
Son chant semble barbaresque,
Sa danse est vive et burlesque,
Sa figure un peu grotesque,
Sa taille d'un beau contour.

On dit que l'hymen l'engage ;
Mais cette Vénus, je gage,
Ne fera jamais d'Amour.

AMÉLIE.

Chevalier, on en parle sûrement beaucoup ?

LE CHEVALIER.

Il n'est question que d'elle... Elle a de petites chansons hottentotes qui sont si gaies ! Elle fait de petits pas hottentots qui sont si légers, et à Paris on aime tant tout ce qui est beau ! Toutes nos dames ont déjà commandé, pour cet hiver, des robes et des douillettes à la hottentote.

AMÉLIE, *à part.*

L'idée est bizarre. On a joué la comédie chez ma tante :

AIR : *Nous accourons.*

Mon projet
Est
Parfait ;
De son effet
Je ris d'avance ;
J'ai déjà l'assurance
D'un succès
Des plus complets.

LE CHEVALIER.

Expliquez-moi ?..

AMÉLIE.

Dans ce séjour,
Moi, je vous trouve aimable ;
Mais, sans retour,
Oubliez votre amour.
Je veux un jour
Vous rendre raisonnable...

LE CHEVALIER.

Je le sens là,
N'espérez pas cela.

ENSEMBLE.

AMÉLIE.	LE CHEVALIER.
Mon projet, etc.	Quel est Donc ce projet Qui lui donne tant d'assurance Et lui promet d'avance Un succès Des plus complets.

LE CHEVALIER.

Je changerai
Votre âme si rebelle,

Bon gré, malgré,
Je vous attendrirai;
Je parviendrai
A vous rendre fidèle.
AMÉLIE.
Je le sens là,
N'espérez pas cela.

AMÉLIE.   LE CHEVALIER.
Mon projet,   Quel est,
etc.
Amélie sort.

SCÈNE VI.
LE CHEVALIER (*seul*).
Cette femme ne m'aime pas. C'est dommage ! Elle est jolie, riche : moi, je n'ai rien ; nous nous convenions parfaitement. Mais, c'est égal, je me suis mis dans la tête de me marier ; il faut que je passe cette petite fantaisie-là.
AIR : *En amour comme en amitié.*
O Mahomet, tes préceptes charmans
Ne doivent pas rencontrer de rebelles ;
Quand tu permets que tes heureux enfans
Forment des nœuds avec toutes les belles.
En France, où l'on voit tant d'attraits
Etre le partage des dames ;
Si l'on pouvait se donner plusieurs femmes,
Ah ! combien j'en épouserais !

SCÈNE VII.
LE CHEVALIER, FANCHETTE.
FANCHETTE (*arrive en pleurant*).
AIR : *La danse n'est pas ce que j'aime.*
Hélas ! la danse est tout c'que j'aime,
Et plus d'mariag' dans le chateau !
Danser est un plaisir si beau !
Avec un' politesse extrême,
Un jeun' garçon m'invit' lui-même ;
Il m'prend la main, m'fait placer,
Et lorsque ça vient d'commencer...
Ah ! que je plains (*bis.*)
Cell's qu'on n'fait pas danser.
LE CHEVALIER (*s'approche de Fanchette*).
Le bon petit naturel. Mais c'est un bijou que cette enfant-là. Eh Dieu, me pardonne ! je crois qu'elle pleure. Qu'avez-vous donc, la belle enfant ?
FANCHETTE.
Oh ! rien, Monsieur !
LE CHEVALIER.
Comment rien ? Et vous pleurez !

FANCHETTE.
C'est que c'n'est pas pour moi.
LE CHEVALIER.
Eh ! pour qui donc ?
FANCHETTE.
C'est pour un' jeune dame à qui l'on vient d'faire le plus grand affront. Sa tante l'avait fait venir pour épouser son cousin.
LE CHEVALIER.
Adolphe !
FANCHETTE.
Justement tout était prêt pour la noce, et v'là que l'cousin refuse de l'épouser, et qui n'veut pas seulement la voir.
LE CHEVALIER.
En vérité ! Ah, ah, ah ! C'est délicieux.
FANCHETTE.
La dame n'aura pas d'mari, et nous n'aurons pas d'danse, c'est c'qui fait que j'pleure de pitié pour elle et de chagrin pour moi !
LE CHEVALIER.
Vous êtes compatissante.
FANCHETTE.
AIR : *Vaudeville de Partie carrée.*

Oui, j'compátis vraiment à sa disgrace,
Et je n'crains pas d'montrer mes regrets :
C'est qu'voyez-vous, si j'étais à sa place,
 Je ne sais pas ce que j' ferais.
Ell' croyait ben, ici, moi je l'suppose,
Prendre un mari qu'était d'son goût !
Il est cruel, quand on compte sur quelqu' chose,
 De n'avoir rien du tout.

LE CHEVALIER.
Ah, ah ! il a donc refusé net.
FANCHETTE.
Net ! M. le Baron, son oncle, lui a promis de l'marier à une femme. Comment donc qu'il a dit ça ? A une femme sauvage ! Une femme sauvage ! Ça doit être drôle. Où donc ça se trouve-t-il ?
LE CHEVALIER (*à part*).
Elle est fort plaisante. (*haut*). Les femmes sauvages !
AIR : *Le briquet.*

Leur pays, je vous le jure,
Ne m'est pas très-bien connu,
Car jamais je ne l'ai vu.
Je sais bien que la nature
Leur a donné la santé,
La force et l'agilité,

Quelquefois de la fierté.
On prétend qu'elles sont belles;
Mais, suivant
Plus d'un savant,
Les Sauvages fort souvent
Sont farouches et cruelles.

FANCHETTE.

Ah ! mon Dieu que ce pays
Doit être loin de Paris.

LE CHEVALIER (*à part*).

Adolphe veut épouser une sauvage ! Parbleu il a du goût ; c'est un cadeau à lui faire. (*Haut*). Ma petite, cours auprès de ton maître : dis-lui que je pars ; mais qu'il me verra aujourd'hui, qu'il ne finisse rien sans moi ! Je te réponds que s'il ne se fait point un mariage, ici, ce soir, ce ne sera pas de ma faute. (*A part.*) Si par ce moyen la jeune veuve allait me rester !

FANCHETTE.

Vraiment, M. Adolphe se marierait ?

LE CHEVALIER.

Oui, ma belle, et en attendant, prends ce baiser. (*Il veut l'embrasser.*)

FANCHETTE. (*Elle le pince.*)

Eh ! finissez donc !

LE CHEVALIER.

Mais je crois que tu m'as pincé, petite sauvage.

FANCHETTE.

Qu'appelez-vous, sauvage ? Apprenez, Monsieur, que je n'le suis pas plus qu'une autre.

LE CHEVALIER.

Ah, ah, ah ! calmez-vous, ma chère enfant ! Vous êtes trop jolie pour être sauvage ! Parole d'honneur, ce serait dommage pour nous !

FANCHETTE.

Et pour moi donc ?

LE CHEVALIER.

AIR : *Comme ça vient, comme ça passe.*
O la bonne folie !
Sans moi, sans toute ma raison,
Ton maître, je parie,
Risquait fort de rester garçon.

FANCHETTE.

Tout's les fill's vont étr' joyeuses !

LE CHEVALIER.

J'aime à faire des heureux,
Et plus encor des heureuses !

FANCHETTE.

Vous ét's un homm' précieux.

ENSEMBLE.

LE CHEVALIER.   FANCHETTE.
O la bonne folie !   etc....
etc....

LE CHEVALIER.
Pour la noce bientôt
Que toutes les fillettes
  Soient prêtes!
FANCHETTE.
Ell's n' s'ront pas en défaut !
Ell's arriv'ront plutôt
  Trop tôt
LE CHEVALIER.
De bien rire j'ai l'espoir.
FANCHETTE.
Quel plaisir je vais avoir!
LE CHEVALIER.
Ah ! comme tu vas, ce soir,
  Danser!
FANCHETTE.
  Walser !
Si je me mariais,
Moi, je n'en finirais
  Jamais.
ENSEMBLE.
O la bonne folie, etc.

(*Le Chevalier sort*).

SCENE VIII.

LA BARONNE *dans le Pavillon*, ADOLPHE *qui arrive en lisant.*

ADOLPHE.

AIR : *De Doche.*

Au gré de mon envie,
O combien je voudrais
Aller passer ma vie
Au sein de vos forêts :
Bords lointains et sauvages
Qui n'avez point encor,
Pour nos brillans usages,
Changé votre âge d'or.

LA BARONNE.
Le voilà dans une de ses lubies.

ADOLPHE.
Héroïque Atala, toutes les fois que je relis le touchant récit de tes amours, je regrette de n'être point né sur les bords de l'Orénoque ou dans les savanes de la Floride.

LA BARONNE.

Pauvre jeune homme. Il est bien tems de venir à son secours.

SCENE IX.

Les Mêmes, LE BARON *arrivant par un chemin détourné.*

LE BARON.

Ouf! à la fin me voilà; que de ronces, que de broussailles! Je me croyais dans les bruyères du Monomotapa.

LA BARONNE.

Voilà notre second malade.

ADOLPHE.

Eh bien, mon oncle, avez-vous fait une bonne chasse?

LE BARON.

Eh! mon ami, quand on a chassé le lion dans les sables de la Sibérie et l'éléphant dans les forêts de la Calabre, quel plaisir veux-tu que l'on trouve à poursuivre un lièvre dans un parc.

AIR : *De l'Epicurien.*

Dès que le gibier fuit
Et que l'on poursuit
Un lapin,
Un daim,
Il faut viser soudain,
De peur de tirer l'animal
Bien mal.
Mais comme il n'est pas gros,
On porte à faux
Très-souvent,
En
Tirant,
Tandis qu'un éléphant,
Pan,
Cela se tue aisément.

ADOLPHE (*riant*).

En avez-vous beaucoup tué, mon oncle?....

(*Ils sont assis sur le banc. La Baronne, appuyée sur la fenêtre, les écoute malignement*).

LE BARON.

Tu plaisantes; tu ne me crois pas; tu fais comme ma femme; mais je te dirai ce que je lui dis, patience, patience, je confondrai les incrédules, je ferai écrire mes voyages.

LA BARONNE.

Bonne précaution.

ADOLPHE.

Ah! que n'ai-je aussi voyagé.

2

Le Baron.

Nouvel Alcibiade, je prends aisément tous les usages et toutes les formes.

Air : *Du vaudeville des Fiancées.*

J'ai fait partout admirer ma souplesse ;
Des peuples saisissant le ton,
On me prenait pour un Grec, dans la Grèce ;
En Laponie on me croyait Lapon ;
En tout pays, cachant mon origine,
Tour à tour, Turc, Nègre, Iroquois ;
Trois jours après mon arrivée en Chine,
J'avais l'air d'un Chinois.

Adolphe.

Que vous êtes heureux, mon oncle, d'avoir vu tant de pays divers. Que n'ai-je aussi couru le monde? j'aurais peut-être trouvé sur mes pas l'objet qui manque à mon bonheur !

Le Baron.

Eh ! parbleu ! j'avise un moyen ! un moyen excellent pour empêcher que ma femme ne te tourmente en mon absence.

Adolphe.

Quel est-il mon oncle ?

Le Baron.

Tu pars avec moi pour l'Amérique.

La Baronne.

Autre folie.

Adolphe.

Quoi vraiment, mon oncle, vous voudriez bien m'emmener avec vous.

Le Baron.

Tu pourras choisir une femme toi-même.

Adolphe.

Mais ma tante n'y consentira jamais.

Le Baron.

Tu sais bien que j'en fais tout ce que je veux. Tiens, je ne le dis qu'à toi ; mais ta tante est un petit génie. C'est une bonne femme.

La Baronne.

L'impertinent.

Adolphe.

Ainsi, vous croyez qu'elle consentira à mon départ.

Le Baron.

Non, elle est entêtée comme un diable ; mais tu peux te passer de son consentement. On peut s'embarquer à son insu, je ne serai même pas fâché de lui jouer ce petit tour. Va faire tes apprêts, demain nous partirons.

LA BARONNE (*se montrant*).
(*Ils se lèvent un peu confus.*)
AIR : *Bon voyage.*
Bon voyage,
Mon cher époux,
Partez, volez sur un lointain rivage ;
Bon voyage,
Mais, entre nous,
Mon cher neveu n'ira point avec vous.

LE BARON.
Elle écoutait, voilà déjà l'orage.

ADOLPHE.
Seul vous devez ici faire la loi :
Naguère encor vous aviez du courage.

LE BARON.
Ah ! je croyais qu'elle était loin de moi.

LA BARONNE.
Bon voyage, etc.

LA BARONNE.
Ecoutez, Adolphe, j'avais desiré qu'Amélie devînt votre femme. Ce mariage, en terminant tous les différends de nos familles, et en vous assurant une fortune considérable, semblait vous convenir sous tous les rapports. Vous refusez absolument d'épouser une française.

LE BARON.
Que diable ! il a raison ! Il tient de son oncle. Savez-vous pourquoi je vous ai épousée, vous, Madame ? Vous croyez, peut-être, que c'est à cause de votre esprit, de votre caractère, de vos vertus. Pas du tout. Je vous ai épousée, parce que vous êtes de Pondichéri.

LA BARONNE.
Je le sais, Monsieur, je le sais. Aussi loin d'être irritée du refus de votre neveu, j'ai voulu lui prouver combien il m'est cher, en lui cherchant une femme telle qu'il l'a desirée !

LE BARON.
Vous ne la trouverez pas.

LA BARONNE.
Je l'ai trouvée.

ADOLPHE.
Se pourrait-il !

LE BARON.
Vous avez trouvé une sauvage dans le département de la Seine ?

LA BARONNE.
A Paris !

LE BARON.
Ah ! par exemple, celui-là est un peu fort.

ADOLPHE.

Ah, ma tante! pouvez-vous ainsi m'abuser.

LA BARONNE.

Je ne vous abuse point; c'est une personne d'un rang très-distingué dans sa tribu, et que la paix et la liberté des mers ont amenée à Paris, où elle fait l'admiration de tout le monde.... Elle y est connue sous le nom de la Vénus hottentote.

ADOLPHE.

La Vénus.

LE BARON.

Hottentote. Madame la Baronne, ne croyez pas nous tromper; j'irai à Paris, m'assurer de la vérité: prenez-y garde, j'ai vu tous les peuples, je sais toutes les langues.

LA BARONNE.

Aussi, ai-je compté sur vous pour nous servir de truchement auprès de cette merveille; elle n'a pas dit un mot depuis son arrivée au château.

ADOLPHE.

Elle est au château?

LA BARONNE.

Dans ce pavillon.

LE BARON (à part).

Diable, me voilà pris.

ADOLPHE.

Ah, ma chère tante! conduisez moi vers elle. Mon oncle, venez servir d'interprête à mon amour.

LE BARON.

Le hottentot est précisément la seule langue que je ne sais pas. C'est égal, elle en sait peut-être d'autres.

LA BARONNE.

Je la vois qui s'avance vers nous avec sa gouvernante.

LE BARON.

Il paraît que c'est une demoiselle de bonne maison.

SCENE X.

LES MÊMES, AMELIE, *sous le plus brillant costume des Hottentots*. LA GOUVERNANTE.

MORCEAU D'ENSEMBLE *de Doche*.

ADOLPHE.

Quelle merveille! Quels attraits!
A son aspect mon ame s'est émue!

LA BARONNE (à part).

L'Amour seconde mes projets;
Je crois déjà qu'il s'enflamme à sa vue.
(au Baron).
Vous qui, bravant les vents et l'onde,
Fîtes vingt fois le tour du monde,

Regardez cet objet charmant.
Qu'en dites-vous ?
LE BARON.
Je le confesse,
C'est une Hottentote vraiment
De la plus belle espèce.

ADOLPHE.
Quelle merveille ! etc.
LA BARONNE.
L'Amour, etc.
LE BARON.
Pour la grâce et les attraits,
Sa nation en Europe est connue.
ADOLPHE.
Cette candeur pleine d'appas
Que le ciel mit sur sa figure ;
Ce sourire exempt d'imposture
En Europe ne se voit pas.
LA BARONNE.
Elle est l'enfant de la nature.

Ensemble.

ADOLPHE *s'approchant d'Amélie qui l.*
Objet charmant ! Ah ! béni soit le jour.
Qui t'amène sur nos rivages,
Ne dédaigne point mon hommage,
Et réponds à mon amour.
(*Elle rit aux éclats.*)
Pourquoi rire de ma tendresse ?
LE BARON.
C'est l'usage dans son pays !
On y rit des amans sans cesse.
ADOLPHE.
C'est donc partout comme à Paris.
LA BARONNE.
C'est qu'elle ne peut vous entendre.
ADOLPHE.
Mon oncle, faites-lui comprendre
Ce que m'inspire sa beauté.
LE BARON, *à part.*
Voilà bien la difficulté !

REPRISE.
ADOLPHE.
Quelle merveille ! etc.
LA BARONNE.
L'Amour, etc.
LE BARON.
Pour la grâce, etc.

Ensemble.

LA BARONNE.

Êtes-vous satisfait, mon cher Adolphe ?

ADOLPHE.

Ah, ma tante ! Comment vous témoigner toute ma reconnaissance ? Mais elle ne peut m'entendre, et mon bonheur n'est point parfait.

LE BARON.

Je ne sais pas le hottentot ; mais, pour peu qu'elle ait reçu de l'éducation, elle doit parler le caraïbe ou l'iroquois. Ce sont mes deux langues favorites. (*A la Gouvernante.*) D'abord, comment l'appelle-t-on ?

LA GOUVERNANTE.

Liliska.

ADOLPHE.

Le joli nom !

LE BARON.

D'où est-elle ?

LA GOUVERNANTE.

Du pays des Hottentots.

LE BARON.

Je le vois ; mais de quelle ville ?

LA GOUVERNANTE.

Monsieur, c'est un pays où il n'y a point de ville.

LE BARON.

C'est juste ; il n'y a que des villages, je m'en souviens.

ADOLPHE.

Mais, mon oncle, parlez-lui donc, je vous prie.

LE BARON.

Laisse-moi faire. (*Il s'approche d'Amélie.*) Bellea Liliskaa, j'ea suisa votrea serviteura.

(*Elle le regarde avec étonnement*).

Voulezi vousi répondrei ài l'amouri dei moni neveui.

(*Amélie a l'air de s'impatienter.*)

Elle n'entend pas.

LA BARONNE.

Quelle langue lui parlez-vous, aussi ?

LE BARON.

C'est une langue mixte. Tous les sauvages de la mer adriatique la comprennent ; mais laissez faire, je m'en vais lui parler l'iroquois.

LA GOUVERNANTE.

Elle l'entend ?

LE BARON *à part*.

Diable ! tant pis !

ADOLPHE.

Elle l'entend ! Ah ! mon cher oncle ! je me recommande à vous !

Le Baron, *à part.*

Inventons une langue (*haut*). Kaf kaof, roc mac tring koul magniac magnioc ros rif krou tring.

Amélie *lui répondant.*

Orf nec rolouf your zouf camatof ordief zic mac tring.

Le Baron, *embarrassé.*

Yes.

Adolphe.

Ah! mon cher oncle, que vous dit-elle?

Le Baron *stupéfait.*

Le diable m'emporte si je le sais! Je ne croyais pas savoir cette langue là. (*haut.*) Elle me dit qu'elle approuve ton amour, ou quelque chose comme cela.

Adolphe.

J'en étais sûr.

Air: *J'aime ce mot de gentillesse.*

Par une tendre sympathie,
Nos cœurs se trouvant entraînés,
Sa douceur et sa modestie
M'assurent des jours fortunés;
A notre hymen son cœur aspire,
Ce nœud d'avance lui sourit,
Et ce qu'elle vient de vous dire
Ses yeux me l'avaient déjà dit.

Le Baron.

Je t'en fais mon compliment.

Adolphe.

Cependant, mon oncle, je veux apprendre cette langue là.

Le Baron, *à part.*

Il cherchera long-temps une grammaire.

La Baronne.

Elle a sans doute des talens?

Le Baron.

Indubitablement, il y a d'excellens pensionnats dans son pays.

La Gouvernante.

Liliska, comme vous le disiez tout à l'heure, est l'élève de la nature.

Adolphe.

L'élève de la nature!

Air: *Voulant par des œuvres, etc.*

Eh quoi! ce n'est donc pas un rêve,
Je vais enfin, selon mon goût,
Posséder une jeune élève
Qui ne sait encor rien du tout.
Ah! ce seul penser doit me plaire:
Il est si rare qu'un mari
Trouve, hélas! dans ce pays-ci,
Une éducation à faire.

LA GOUVERNANTE.

Liliska sait déjà bien des choses, vous pouvez vous même en juger. (*Elle fait un signe. Amélie lui répond*). Elle va chanter une chanson hottentote, en s'accompagnant d'un instrument en usage dans son pays.

LE BARON *à part.*

Si elle chante comme elle parle.

ADOLPHE.

C'est pour achever de me tourner la tête.

LE BARON.

Ecoutons.

AMÉLIE.

Air de Docke.
Premier Couplet.

Ric mir voulouf izami
Crif nec romir tonoc
Mar zemu sambo semi
Zang sir colosrinoc.

Plus agitée.

Allious, Allious, allious, ou
Allious, nimou.

AMÉLIE.

Deuxième Couplet.

Zic lomen coric zoni
Rif af volin olof
Trozalouf coric ani
Crouf ragoli riolof
Allious, allious, allious, ou
Allious, nimou.

(*Elle danse*).

LE BARON *après avoir répété avec elle le refrain.*

Braviof! braviof!

LA BARONNE.

Comment donc, mais sa voix est très-agréable.

ADOLPHE.

J'en suis ravi; enchanté. Mon cher oncle, qu'a-t-elle dit?

LE BARON.

Je te le répète, je ne sais pas cette langue, et ce qu'elle vient de chanter est du hottentot, tel qu'on le parle dans la capitale du pays.

LA BARONNE.

Ainsi, mon cher Adolphe, vous n'avez aucune répugnance à lui donner votre main?

ADOLPHE.

Que dites-vous, ma tante? ah! je suis plus que jamais fier de mes sentimens et de mon choix.

LE BARON.

C'est la femme qu'il lui fallait.

LA BARONNE.

J'ai fait avertir un notaire de tenir un contrat tout prêt. Rendons-nous chez lui. Adolphe, nous vous laissons avec Liliska.

LA GOUVERNANTE.

En tête à tête, madame?

LE BARON.

Cela va faire une jolie conversation.

LA BARONNE.

Je réponds de mon neveu.

LE BARON.

Et moi aussi.

AIR : *L'appétit nous réclame.*
On peut, dans cet asile,
Les laisser sans détour :
Il sera bien habile
S'il lui parle d'amour.

ADOLPHE, à part.
Sans verbiage et sans harangue,
Ah ! j'espère en être compris,
Car l'amour possède une langue
Qu'on parle dans tous les pays.

CHŒUR.
On peut, dans cet asile, etc.

SCENE XII.
AMÉLIE, ADOLPHE.

ADOLPHE, à part.

Comme ses yeux sont attachés sur moi ! on croirait qu'elle a quelque chose à me dire, et qu'elle regrette de ne pouvoir se faire entendre. (*Amélie s'approche de lui en le regardant attentivement.*) comme elle me regarde ! aimable Liliska ! (*Elle s'approche davantage*).

AIR de *Robert le Diable.*
Tu n'as point d'un pays lointain
L'aspect étranger et sauvage ;
Ton regard est doux et serein,
La grace anime ton visage.
Objet charmant, en vérité,
Sans ta candeur, ton innocence,
J'allais croire, à tant de beauté,
Que ta patrie était la France.

(*Elle vient se placer devant lui.*)

Que ne peux-tu m'entendre? tu saurais que je t'attendais depuis long-temps, et que j'ai dédaigné pour toi.... (*Elle lui relève la tête, le fixe et rit aux éclats*). Voilà un plaisant usage !

Air du Vaudeville du petit courier.
Il faut dire la vérité
La France, sur ce point, l'emporte,
C'est une liberté trop forte
Que de montrer tant de gaîté.
Ici, quand la femme sans cesse
Rit aux dépens de son mari,
Elle a du moins la politesse
De ne pas rire devant lui.

La civilisation a bien ses avantages. (*Amélie parcourt le jardin sur un air analogue, et cueille des fleurs dont elle forme un bouquet*).

Adorable Liliska, je reçois ces fleurs comme un gage de votre tendresse, et je jure à vos pieds un amour éternel. (*Il se met à genoux pour recevoir le bouquet, elle lui refuse en le retirant vivement. Il se relève un peu confus*).

Ces femmes sauvages ont des manières!.... (*Amélie s'approche de lui, cherche à l'appaiser par des manières caressantes et lui donne les fleurs*).

Air de la Tyrolienne.
O moment de jouissance!
Ce n'est point une erreur.
Sa candeur,
Son innocence,
Font palpiter mon cœur.
Mes vœux insensés
Sont donc exaucés!
Objet enchanteur,
Tu fais mon bonheur.
O moment de jouissance! etc.

Allons rejoindre ma tante, et hâter ma félicité! Adieu Liliska! Je m'éloigne un instant, et je reviens à tes pieds pour ne plus les quitter. (*Il sort*).

SCÈNE XIII.
AMÉLIE seule. (*Elle rit aux éclats.*)
Vous conviendrez mon cher cousin, qu'il n'y a aucune gloire à se moquer de vous, et que vous êtes d'une confiance, d'une crédulité! Vous méritez bien d'être mon mari! On vient, reprenons mon rôle!

SCÈNE XIV.
AMÉLIE, FANCHETTE.
FANCHETTE. (*Arrivant sans la voir.*)
Me voilà toujours préparée pour la nôce, comme ce

monsieur me l'a recommandé, j'ai averti toutes les filles du village de se tenir à l'entrée du parc; les bouquets sont faits; il ne manque plus pour le mariage que la mariée.

(*Elle se trouve près d'Amélie. L'apperçoit et pousse un cri.*)

Ah! mon dieu? (*Amélie lui fait des signes d'amitié.*) C'est peut-être la fiancée! (*Amélie s'approche d'elle, elle s'enfuit de l'autre côté.*) C'est la sauvage; j'en suis sûre. C'est singulier elle est faite comme une autre. (*Amélie s'avance encore vers elle. Même jeu.*) Elle ne dit rien; est-ce qu'il y aurait des pays où les femmes ne parlent pas du tout. (*Elle la considère.*) Elle n'a pas l'air bien méchant. Il faut que je la questionne : pst. pst. pst., bon! elle est apprivoisée.

(*Amélie s'approche d'elle en riant.*)

Air : *je vais commencer à présent.*

Vous êt's sauvage à ce qu'on dit ;
Mais peut-êtr' de vous on médit,
Vous répondez par un sourire,
Je comprends c' que celà veut dire,
Et vous êtes sauvag' je le voi,
Tout comme moi.

On prétend, soit dit entre nous,
Qu'on mange les hommes chez vous;
Mais dans vos yeux, mademoiselle,
On lit que vous n'êt's pas cruelle,
Et vous les mangeriez, je le voi,
Tout comme moi.

Quel dommage que vous n'parliez pas, c'est une grande consolation dont le ciel vous a privée, et à votre place j'en mourrais de chagrin.

AMÉLIE.

Ce serait bien fait pour cela.

(*Fanchette pousse un cri et se sauve.*)

SCENE XV.

AMÉLIE, LE BARON, LA BARONNE, ADOLPHE, LA GOUVERNANTE.

LA BARONNE.

Toutes nos conventions sont faites; les intérêts de nos enfans sont réglés, il ne reste plus qu'à signer. Jamais mariage n'aura été si promptement terminé.

LE BARON.

C'est ainsi qu'on se marie sur les bords de la mer d'Azof.

ADOLPHE.

Liliska est la femme que mon cœur a choisie. Vous approuvez mon choix. Que faut-il de plus?

LE BARON.
Il a raison, ce n'est point ici un mariage à l'européenne.
ADOLPHE.
Liliska approuve sans doute cet hymen.
(*Elle le regarde sans parler.*)
LE BARON.
Tu le vois, qui ne dit mot consent.
LA GOUVERNANTE.
Hâtons-nous de terminer.
LA BARONNE.
Entrons dans ce pavillon.

SCÈNE XVI ET DERNIÈRE.
LES MÊMES, LE CHEVALIER, FANCHETTE, VILLAGEOIS.

CHŒUR.
Air : *en revenant du Village.*
Pour danser à c'mariage,
Nous accourons
Ici des environs,
Cett' noc' sera je le gage,
La plus rar' qu'nous verrons.

LE CHEVALIER.
Oui, c'est un plaisant ménage,
L'amant heureux,
Constant, bien amoureux :
La femme belle et sauvage,
Certe on n'en voit pas deux.

CHŒUR.
Pour danser, etc.

AMÉLIE. (*à part.*)
C'est le Chevalier! tout est perdu. (*Elle se cache.*)
LA BARONNE.
Que veulent tous ces villageois?
FANCHETTE.
Ils viennent à la noce, Madame.
ADOLPHE.
Ah! mon cher d'Ericourt, tu ne pouvais arriver plus à pos! tu seras témoin de mon bonheur.
LE CHEVALIER.
Ton bonheur! Eh parbleu! je viens le faire.
ADOLPHE.
Que veux-tu dire?
AMÉLIE, *à part.*
L'étourdi!
LE BARON, *regardant l'habit du Chevalier.*
On dirait qu'il revient de la Chine.

LE CHEVALIER.

Mon cher Adolphe, j'ai appris que tu avais form[é la ré]solution de n'épouser jamais qu'une étrangère ; je t'ai approuvé, et j'ai travaillé à combler tes vœux. Je t'amène une femme divine.

ADOLPHE.

Je te sais gré de ton attention, mon cher d'Ericourt, mais je l'ai trouvée avant toi.

LE CHEVALIER.

Comment ?

ADOLPHE.

Le hasard a conduit à Paris une Sauvage charmante, une nouvelle Atala ; et je vais unir mon sort au sien.

LE CHEVALIER.

Vraiment, je suis fâché pour toi d'être arrivé trop tard ; tu ne refuseras pas, j'espère, de voir la beauté que j'avais choisie pour toi. Elle arrive ; c'est une Vénus !

LA BARONNE.

Une Vénus !

LE CHEVALIER.

Oui, Madame, la Vénus hottentote.

TOUS.

La Vénus hottentote !

ADOLPHE.

C'est impossible.

TOUS.

C'est impossible.

LE CHEVALIER.

La voici. (*Il tire de sa poche une grande feuille de papier roulée.*)

CHŒUR.

Air *de la Belle au bois dormant.*
Quelle singulière aventure !
Eh quoi ! deux Vénus en ces lieux !
Sans doute c'est une imposture ;
Il ne peut en exister deux.

LE CHEVALIER.

Je pourrais aisément répondre
A celle qui prend son nom ; mais
Il suffira pour vous confondre
De ses grâces, de ses attraits.

(*Il déroule le papier et montre le portrait de la Vénus hottentote ; tout le monde pousse un cri d'effroi.*)

CHŒUR.

Quelle singulière aventure !
Quels traits jusqu'alors inconnus !
Avec une telle figure
On ne peut être une Vénus.

Le Chevalier.

J'étais sûr que vous seriez étonnés, stupéfaits, et j'ai pris les devant avec ce portrait, afin que la présence de l'original ne fît pas une trop grande impression sur vous.

Adolphe.

D'Ericourt, que signifie cette plaisanterie?

Le Baron.

Prétendriez-vous, Monsieur, me faire croire que c'est-là une Hottentote, le peuple où les femmes sont le plus renommées par leur beauté?

Adolphe, à *Amélie*.

Venez, Liliska, venez venger les femmes de votre pays.

Le Chevalier.

Que vois-je, Amélie.

Tous.

Amélie?

Adolphe.

Il se pourrait?

Le Baron.

Je voyais bien moi ! qu'elle n'avait pas le teint basané des peuples de l'occitanie.

Adolphe.

Ma cousine ?

Amélie.

Oui, monsieur, votre cousine que vous avez refusé de voir, et à qui cette vengeance était bien permise.

Air du Vaudeville de Psyché.

J'ai voulu de votre folie,
Tenter au moins de vous guérir :
Par une illusion chérie,
Je me flattais d'y parvenir ;
Mais un instant à détruit mon ivresse,
Je le vois à ce noir accès,
Vous haïrez les françaises sans cesse,
Autant que j'aime les français.

Adolphe.

Même Air.

Oui j'ai juré que de ma vie
Je n'aimerais une beauté
Qui née, au sein de ma patrie,
Aurait notre légéreté ;
Mais en ces lieux, en vous voyant paraître,
Je cède à vos aimables lois.
Deux fois trompé, je sens que je puis l'être
Encore une troisième fois.

Le Baron.

C'est convenu, c'est convenu? Parbleu, Voilà un mariage qui m'enchante. (*à Amélie.*) Embrassez-moi ma nièce, je retarde mon voyage en votre faveur.

Amélie.

Restez encore avec nous. Nous parlerons ensemble cette langue que vous savez si bien.

Le Baron.

L'iroquois n'est-ce-pas? Vous êtes charmante. (*à part*). Quel dommage qu'elle ne soit pas sauvage.

VAUDEVILLE.

Air *de la Vallée de Barcelonnette.*

La Baronne.

Pauvres amans à qui l'amour
Fit une blessure profonde,
Pour être payés de retour,
  Allez courir le monde.   (*Bis.*)
Étourdis, qui ne chérissez
Que le plaisir et l'inconstance,
Le destin vous a bien placés :
  Ne quittez pas la France.

Le Chevalier.

Persécuteurs des vrais talens,
Vous, dont partout l'espèce abonde,
Sots novateurs, vils charlatans,
  Allez courir le monde.   (*Bis.*)
Vous dont les chefs-d'œuvres épars
Prouvent le goût et la science,
Orgueil et soutiens des beaux arts,
  Ne quittez pas la France.

Fanchette.

Maris jaloux de votre bien,
Qui près de femme, brune ou blonde,
Croyez tout, en ne voyant rien,
  Allez courir le monde.   (*Bis.*)
Maris que l'on cite partout,
Qui, toujours plein de confiance,
Ne croyez rien, en voyant tout,
  Ne quittez pas la France.

Le Baron.

Vous qui, chaque jour plus adroits,
Mentez et trompez à la ronde,
Picards faux et fins Champenois,
  Allez courir le monde.   (*Bis.*)

Vous qui montrez, des bonnes gens,
La franchise et la confiance,
Garçons sincères, francs Normands,
Ne quittez pas la France.

ADOLPHE.

Vous qui réveillant vos forfaits
Dans votre fureur sans seconde,
Vous déchaînez contre la paix,
  Allez courir le monde.   (Bis.)
Amis des vertus et des lois,
Vous qui sauriez avec vaillance,
Mourir pour le meilleur des Rois,
  Ne quittez pas la France.

AUDINOT au public.

Censeurs qui ne riez jamais,
Dont l'esprit méchant toujours fronde
Et nos pièces et nos couplets,
  Allez courir le monde.   (Bis.)
Mais vous, indulgens spectateurs,
Qui traitez avec bienveillance
Et les auteurs et les acteurs,
  Ne quittez pas la France.

FIN.

La Musique se trouve au Théâtre du Vaudeville.
S'adresser à M. Doche, chef d'orchestre.

De l'Imprimerie de Norzov, rue de Cléry, n°. 9.

Contraste insuffisant

NF Z 43-120-14

www.ingramcontent.com/pod-product-compliance
Lightning Source LLC
Chambersburg PA
CBHW060717050426
42451CB00010B/1498